여름

| | | | | |
|---|---|---|---|---|
| 손연후 | 황예빈 | 하현태 | 윤루 | 설아 |
| 박새난슬 | 문진식 | 가온 | 강하나 | 장여름 |
| 김진영 | 고운 | 김나분 | 상인 | 서현종 | 최시원 |
| 선지음 | 권연우 | 배수연 | 김파랑 | 성유정 |
| 우난경 | 정민화 | 남기윤 | 주저녁 | 이예란 |
| 백유주 | 임수민 | 홍유안 | 시현 | 이지윤 |
| 김재원 | 산유연 | 진지혜 | 규연 | 신채원 |
| 주제균 | 김경희 | 지기원 | 김희진 | 신모과 |
| eezee8 | 하송 | 장윤정 | 금유빈 | 수린 | 해든 |
| 원경 | 맹지돈 | 여휘운 | 그믐 | 표국청 | 윤지혜 | – |

뜨거운 태양 볕에 녹아내리지 않도록
눅눅한 장맛비에 울을 머금지 않도록

2022년 6월

# I

| | |
|---|---|
| 여름 손연후 | 13 |
| 여름소리 황예빈 | 14 |
| 열으니 온다 하현태 | 15 |
| 서퍼의 하루 윤루 | 16 |
| The warmest color 설아 | 18 |
| 여린 빛깔 박새난슬 | 19 |
| Reminiscence apparition 문진식 | 20 |
| 견우직녀 달 가온 | 22 |
| 그 계절, 강하나 | 24 |
| 그저 두 번째 계절 장여름 | 26 |
| 여름 잔향 김진영 | 27 |
| 25 고운 | 28 |
| 바이올렛 김나분 | 30 |
| 상하는 것 상인 | 32 |
| 어느 열매의 고백 서현종 | 34 |

| | |
|---|---|
| **여름 학교** 최시원 | 37 |
| **여름 별** 선지음 | 38 |
| **그해 여름** 권연우 | 39 |
| **여름까지 무사하길** 배수연 | 40 |
| **여름이 오면** 김파랑 | 42 |
| **당도** 성유정 | 43 |
| **여름의 파랑** 우난경 | 44 |
| **이상異想** 정민화 | 45 |
| 남기윤 | 46 |
| **파라다이스** 주저녁 | 47 |
| **////** 이예란 | 48 |
| **열음熱音** 백유주 | 50 |
| **탄산수가 흐르는 강** 임수민 | 52 |

# II

| | |
|---|---|
| 원의 환상 홍유안 | 57 |
| 8월 시현 | 58 |
| 다시, 여름 이지윤 | 60 |
| 자두를 깨문다는 것은 김재원 | 62 |
| Tomatoes love-apple 산유연 | 63 |
| 딸기밭 진지혜 | 64 |
| 반짝이는 것들 규연 | 65 |
| 그대에게 푸르른 신채원 | 66 |
| 당신의 계절 주제균 | 68 |
| 끝나지 않을, 당신이라는 여름 김경희 | 70 |
| 남쪽은 다시 여름 지기원 | 72 |
| 아 공부하기 싫다 김희진 | 74 |
| 여름밤 신모과 | 76 |
| 여름에 하는 사랑은 eezee8 | 77 |

| | |
|---|---|
| **초여름 암야행** 하송 | 78 |
| **열병** 장윤정 | 79 |
| **여름의 조각들** 금유빈 | 80 |
| **여름은 오지 않았다** 수린 | 82 |
| **여름이** 해든 | 84 |
| **열대야** 원경 | 85 |
| **우리는 물고기여서** 맹지돈 | 86 |
| **이번 여름** 여휘운 | 88 |
| **장마 전선** 그믐 | 89 |
| **여름애** 표국청 | 90 |
| **05:42** 윤지혜 | 92 |
| | 93 |

○ 작가명은 작품 첫 장의 쪽 번호 옆에 표기하였습니다.

I

## 여름

관객들은 짙어가는 녹음의 관을 눌러썼다
길고 눅눅한 장광설이 지나갔다
퍼붓는 열대의 회한이 맹꽁이 울음으로 울며 뜨겁게 새겼던 어제를 씻어 내렸다
발가벗은 모래알들은 베가와 알타이르가 잠긴 바다의 반짝이는 기억에 대해 조잘거렸다
한 입 베어 문 황혼의 시간이 새빨갛게 흘러내렸다
이윽고 하얀 꼬리를 드러낸 백야가 비틀거리며 마중을 나왔다

## 여름소리


여름을 건드리면
유리컵을 타고 부푼 숨을 따라
챙 하는 소리가 난다

바람이 지난 자리의 간지러움
구름마저 씻겨간 잔웃음
이제 막 깨어난 사람 곁의 잠냄새
세상 모든 걸 들어 올리는 저렇게 작은 입꼬리

흩날리는 그리움 앞에 두 글자를 붙여
또렷이 만든 이 마음은

여름잠과 여름밤과 여름날은

세 계절을 숨죽여 기다리다
챙 하고 발음한
나의 새맑은 흔적

## 열으니 온다

파란 바람이 기분 좋게 불어오면
벚꽃 사이 드문드문 고개 들던 여린 싹이
어느덧 한 그루를 감싸 안는다

닫힌 문을 열면 불어오는 바람
다친 맘을 살풋 쓰다듬고 가면
어느새 들판을 끌어안는다

푸른 바람이 기분 좋게 불어오면
구름 사이 드문드문 고개 들던 여린 별이
어느덧 한 하늘을 감싸 안는다

창문에 스며든 별자리 자국
찬맘에 물들어 빛나게 되면
어느새 세상을 끌어안는다

열으니 온다
여름이 온다

## 서퍼의 하루

시를 쓰고 난 저녁에는
사람의 몸이 퇴적처럼 쌓이는 꿈을 꾼다

-제트, 가벼워질수록 멀리 간대.

서퍼가 된 기분은 조금 슬퍼도
다시 돌아올 수 있다는 사실만은 기쁨이 된다
서퍼가 되면 역사가 오래된 자갈을 만날 수 있다

원인을 찾느라 바쁜 사람들이 모여
교과서를 만든다
아이들은 교과서에 실린
풍화작용에 영향을 주는 요소들을 외운다

나도 아이들처럼 백지를 받아든다
아무것도 모르지만 꼭 아는 것처럼 살아가면
그래도 괜찮아지는 하루가 생겨난다

파도가 만든 모래 위에
물, 바람, 온도라는 글자를 적는다
실은 믿음, 희망, 미래라고 쓰고 싶었는데

-제트, 1센티의 흙이 만들어지는데 200년이라는 시간이 걸린대.

넘어지지 않으려는 표정 뒤로는
자꾸만 거대한 벽이 생겨난다

벽을 넘어야 도착하는 비로소 서퍼의 하루
갈라진 자갈
부서진 마음

사라져가는 미래가 여기
발끝에 툭,

# The warmest color

햇빛의 방향 따라 깨어지는 갈색 병의 조명
테라스가 있는 카페의 오후
갈라지는 푸르름과 뜨거워지는 등 뒤의 햇빛
앞머리를 사선으로 흔드는 바람
투명한 유리창마다 드리우는
우리 모두가 사랑한 적 있는 색
계절의 주인이 되고 싶었던 사람에게는
포말처럼 사라지는 것
주기를 돌아 돌아오는 것
디자인이 제각각인 맥주병의 갈색 입구마다 떠오르는 반짝
비 오는 저녁이 지나면 운동화 맨 앞코에 모아놓은
휴지 뭉텅이 같은 다정함을 빼놓으며
태워지는 모든 것에 인정을 바라다가
억울한 나는 여름을 잔뜩 마시고
가장 따뜻한 색을 입고
취해 너를 안고만 싶었어
결국 잊혀지는 것들을 갈색의 빈 맥주병에 담아
가장 따뜻한 색을 입고
와락

## 여린 빛깔

뭐든 쉬운 게 없어
콘크리트 바닥을 깨는 것도
몰아치는 파도를 견디는 것도

목덜미에 내려앉은 햇살은
따사롭다가도 따갑고

그늘 위로 부는 사사한 바람

이 길 위에서

# Reminiscence apparition

가없이 이어지는 계절이
피고 지고 흐드러지다 보면

어디서부터 시작되었는지 알 수 없는
햇살이 녹아 흐르는 시절에 놓이게 된다

단절된 감정과 엉켜버린 기억의 망각
그 속에 이어진 관계마저 녹아 버리길 원하며
기다리는 망각의 계절

타는 목마름으로
그림자와 그림자가 겹쳐진 사이를
거닐다 보면

그 시절,

우리로부터 가져가 버린
그리움이 눈에 번져
갈라진 입술을 적신다

어떤 마음으로 시간을 버티고
감정을 지우며
스스로 동결했던 순간들

천박한 세상에서
어둠이 가장 밝게 빛나는 계절

고독한 침묵과 소란스러운 고요가
춤을 추며 달의 열기가 잔향으로 피어나는
짙음이 가득 묻어 있는 계절

연성된 감정과 기억의 관계가
헝클어지며 어느샌가 지나가 버리고
기다림을 기약하게 되는

텀블러를 수놓은 셀 수 없는
물방울만이 식지 않은 바다의 열기를
기억하게 한다

## 견우직녀 달

더운 기단 몰고 온 까치 떼를
부서질세라 사뿐히 느려밟습니다

그의 너머는 그녀의 너머
한 해를 내내 울린 열대야
두 성星을 가른 은하수가 있습니다

그리움 잊으려
살이 탈 듯 소를 몰고
눈물 묻혀 베를 짜고
여름 한 움큼에 서러움 가십니다

타버린 살결에 차가운 베 옷 입히니
그와 그녀 눈물 옥구슬로 떨어집니다

땅 위 사람들 오작교 올려보며
칠석 비 날리네
입 벌려 영탄합니다

초여름 하룻밤
만남과 이별 중점에
둘은 샛말간 태양 한 덩이를 낳고 떠납니다

아비어미 서로 눈 맞지 않도록 오색 빛 휘두르니
아아, 눈이 멉니다

까치 떼 흩어진 곳에
타오릅니다

아,
타오름 달*입니다

* 8월의 순우리말.

## 그 계절,


묘한 기운이 감아지는 계절이다

이름을 가지지 못한 많은 것들도
더 힘을 내 자라는 계절이다

더운 공기 안에서
채 고르지 못한 너의 숨이
선명하게 전해질수록
여름은 더 아름다웠다

알면서도 외면하지 못하는 계절이다

모든 것이 너무 뚜렷하고
모든 것이 너무 당연한 듯 자라나서
나는 외면하지 못했다

결국 마음이 다 닳도록
그 계절을 열망하고

열망하는 그 계절의 모든 것들을
차마 거두지 못하는 시선에 촘촘히 담아둔다

기꺼이 나를 낭비해도 아깝지 않을
그 계절
여름이다

## 그저 두 번째 계절

술처럼 지독한 흔적을 남기는 것들이나
음악처럼 낭만적이라 취하는 것들이나

글처럼 볼 수도 없는 것을
왜 그리 사랑하냐 묻지만

뜨거운 햇살 아래에서
땀이 흐르길래 살아있구나

습한 공기 장마에는
몸이 젖길래 살 수 있겠다

흔들리는 초록 잎에도
마음이 동하길래 살아야지

그래 나를 살게 하던 것은
그저 두 번째 계절이었다

술도 음악도 글도 아닌
그저 두 번째 계절이었다

## 여름 잔향

이 여름날 우리는
한껏 아름답습니다

지칠 듯이 피어나다가도
어느새 푸르스름 젖어드는

지워내듯 그리워하다가도
다시 또 속삭이듯 사랑하는

## 25

모든 것이 녹아 사라질 것 같은 여름
왜 나만은 온전한지

햇볕 아래 선잠에 들고 싶다
나도 네게 녹고 싶다
가령 이런 낯 뜨거운 문장들

내게만 허락되지 않던 태양
해를 가릴 수는 없으니
나는 이제 너를 가려야 할까

도둑맞은 내 여름
습도 높은 공기에도 익사할 것 같다는
치기 어린 마음이 멋대로 쏟아지는 정오

작열하는 태양 아래
버석한 입술이 차마 떨어지지 않는다
언제부터 5월이 이토록 뜨거운 계절이었던가

아무리 더워도 너는 녹아 사라지지 마
같이 있어 줘야지

잠깐 살다 갈 저 매미처럼
초여름 일찍 눈을 떠 아주 외롭게
잠깐 울다 갈 저 매미처럼

왜 나만이 온전한지

## 바이올렛

다정했던 소년은 때때로 접시를 깬다
모든 균열을 찍어누르며 여름을 기다려

한 달에 한 번 여러 애인에게 편지가 온다
소화하지 못할 숫자를 사랑으로 찍어낸 고지서
눅눅해진 사과를 입안에서 굴리면
혓바닥은 변색한 사랑의 역사를 꺼내지

매미를 일구어 타는 듯한 볕이 지면에 내리쬐고
잎사귀를 비집고 들어간 내 몸은
잎사귀 모양대로 바닥에 흩뿌려져서
꿰뚫렸거나 좀먹었거나
허기를 당긴다

아프리카의 코끼리라도 집어삼키면
다시 채워질 수 있을지
산등선에 걸친 타워 뒤로
일몰의 보랏빛이 흘러들어와

그해 초인종 없는 집

담장 끝에서 보았던 장미꽃이
나를 감싸 안는다

## 상하는 것

꺼낼 줄을 몰라 그냥 두었다
달콤하고 향기롭다고는 하나
모를 일이었다
처음 보았으므로
무서웠다

속은 상하는 것
그러나 여태 상한 적이 없었으므로
주의사항은 읽지 않았다
직사광선을 피해 서늘한 곳에 보관하시오
평생 서늘했으므로

그러나 예고 없이, 기후 위기인가
지나치게 뜨겁고 번쩍이고
종종 습한 곳에 그런 때에
그냥 두었다
잘못 두었다
몰랐다 나는 떠나있었다
알았던 것도 같다
떠나왔으므로

열은 식는 것
긴 외출 끝에 해가 넘어갔다
이제야 살피려다
이제는 상해있었다, 끝내
꺼낼 줄을 몰라 봉해두었다
그냥 두었다
상한 속은 돌아오지 않는다

## 어느 열매의 고백

나를 알아보는 이가 있을까요

나 여기 있어요
적당히 영근
노란 열매들 사이로
무녀리같이
못난 참외 하나

혼자만 줄기가 끊어져
흙바닥을 뒹굴고만 있어요
색은 이미 바래져 윤기를 잃었고
껍질은 점점 메말라가고 있죠

주변은 온통 당도 높은 삶들로 가득한데
나 홀로 쓰린 속만 달래고 있네요

내 목소리가 들리시나요
들리신다면
얄미운 여름에게 전해주세요

금방이라도 한바탕 쏟아질 것만 같은
끈적하고 녹진한 이 계절

소나기 등목 시원하게 끼얹은 후
다가올 수확의 날만을 기다리던 그때

차라리 그냥
장마에 떠내려갈 걸 그랬다고
아주 시원하게 확 그냥
떠밀려 갈 걸 그랬다고

그랬다면
옆에 있는 저 참외보다
샛노랗게 빛날 수 있음을 전혀 몰랐을 텐데!

여기
초록의 세상 아래 가장 낮은 곳
바로 이곳에 내가 있어요

나를 이해하지 못해도
괜찮아요
그저 들어 준 것만으로도 충분해요
고마워요 안녕

# 여름 학교

유난히 환한 가로등에서부터
번져 나온 불빛이 나의 어둠을 가로지르고

습기 머금은 공기를 앞질러나가면
더운 바람이 불어도 등이 젖는다

불 꺼진 학교 운동장에 동네 사람들이 모여
저마다의 여름 속으로 걸어 들어간다

트랙을 따라 끝없이 이어지는 다음 걸음 쪽으로
상대 팀 없이 공을 몰며 골대를 향해
벤치에 앉아 풋사랑을 속살이며 서로의 귓가로

학교를 둘러싼 나무들 속에서
사람들의 여름이 자란다

무성한 나뭇잎들이 싱거운 열기에
살 부비는 소리 속에서 계절이 자란다

젊은 학생들을 기르던 학교가
오월의 밤, 이 동네 여름을 기른다

## 여름 볕

산이 너스레를 떤다
그 손끝에 잠시 숨 쉬다
이틀 만에 떨어져 사라진
봄꽃의 이름을 아느냐고

산이 기지개를 켠다
구불구불 바윗길을 따라
고요히 흘러 어느 발끝에
찰랑이던 물결이 가려운 듯

일찍이 따스해진 여름 볕에
여기에도 헐벗은 계절이 있었던가

흐릿해진 계절의 경계 위
이 땅에도 아직 낭만이 남았던가

끝 모를 초록에
까마득한 추위를 잊고
하나둘 피어나는
새 생명의 온도에 그만
산이 잠투정을 했다

## 그해 여름

더위는 꼭 예상치 못한 순간에 찾아오더랩니다.

동토를 조각낸 어린싹은
금세 풀이 죽어버리기 마련이라지요.
내리쬐는 따가운 볕이 아직은 어려워
겨우내의 콧김을 걸머지고 있는 힘껏,
우는 흉내를 냅니다.

꽃은 만개할 적의 자신을 보지 못한답니다.
그저 영원할 것이란 착각 속에,
산천은 붉은빛으로 물들어갑니다.

파랗게 멍든 하늘을 그저 지켜만 봅니다.
그해 여름, 우리에겐 모든 게 가빠왔던 게지요.

방 한켠에 고이 접어 두었던 솜이불을 꺼내
한껏 웅크려 단단한 씨앗을 품어보기로 합니다.
언젠가 다시 올 그날엔 조금은 더 의연할 수 있기를.

## 여름까지 무사하길


폭죽이 터지는 순간 마음이 덜컥 내려앉는다. 모두 하늘을 올려다보고 있을 때 나는 고개를 숙였다. 신이 나를 발견하지 않았으면 좋겠다. 인간의 추한 모습은 세상에서 사라져야 하는 게 아닐까요? 나의 질문에 누군가 답한다. 그럼에도 사랑한답니다.

그림자 끝에 걸터앉은 서늘한 바람
고요한 그림자의 조용한 독백
아아 숨이 막혀와요
온통 밝은 것뿐이야
나를 비추지 말아요

초침이 시간의 끝을 향해 달려갈 때 나는 주저앉았다. 소용돌이치는 함성에 귀가 멀어버렸습니다. 끈덕지게 달라붙는 더위에 언어를 잃어버렸습니다. 환히 밝아오는 불꽃의 수명을 봤을 때,
결국 정전.

나를 제외한 모든 것이 활활 탔으면 좋겠어요. 잿더미 속에 몸을 숨기고 숨을 멈출 것입니다.

검은색은 빛을 흡수하고 빛은 검은색을 찾아다니는데요.
어딘가에서 들려오는 동트는 소리가
어딘가에서 들러붙는 동트는 더위가
어딘가에서 날아오른 동트는 빛깔이
나를
다시

뜨거운 것을 사랑했습니다. 존재하기에 존재하는 것들. 머리 위에서 흔들리는 낡은 것. 터지는 기침. 이번 여름도 망했습니다.

펑펑 터지는 소리를 들으며 고개를 숙였습니다. 부디 다음 여름까지 무사하길. 비겁한 기도에 저주받는 것은 아닐까요? 나의 질문에 누군가 답해주길 바랍니다. 그럼에도 살아간답니다.

## 여름이 오면

장미가 열리기를 기다리고
장마가 오기를 기다리자

녹록했던 가지들도
이제는 녹음을 펼치며
바람이 불면
노래하고 또 노래하자

여름이 들어간 시집을 품고

해가 볼을 가까이 만지는 계절에는
고갤 들어 기꺼이 사랑을 받자

## 당도

그러니까 그 여름밤을 이겨내기엔
입 안이 얼얼한 정도의 당도가 필요했다

따가운 빛으로 여태 남은 열기가 머리와 가슴을 데우고
흘러내린 달콤함이 손가락 마디마다 진득했던 만큼
난 그곳에 얼른 도달하고 싶었다

여윈 잠으로 보낸 밤 매미 소리 한마디에 붉게 달아오르고
길섶의 푸른 흐드러짐을 마저 벗겨내기 버거웠던 만큼
난 지면을 계속 박차면서 걸었다

이번의 곡선보다 다음에 그려낼 더 큰 반원을 기대하며
그 절정 가까이할 어둠을 겪어내기 위해
허기짐도 잊은 채 찰나의 황홀을 음미했다

## 여름의 파랑

여름아, 너의 파랑이 잦다
모두의 발밑에 파랑으로 초지를 훑고 지나간다
모두의 머리 위에 파랑을 쏟는 너의 물뿌리개를
나도 따라하려 손이 닿을 듯 말 듯, 쭈욱
잦은 파랑 물감이 내 열 손가락을 물들인다
너는 온 세상을 놀래킨 뒤
너의 파랑 그림을
가을의 하늘에 걸어놓고 떠난다
여름아, 아직도 너의 파랑이 잦다

## 이상異想

더운 밤은 불쑥 찾아왔습니다
차마 지우지 못한 겨울이 지나
찾아온 봄에 익숙해질 틈도 없이
더운 밤은 그렇게 깊어갔습니다

찾아오는 아침은 거들떠도 보지 않고
미움을 사랑하게 된 사람의 이야기를
당신은 스치듯 내게 들려주었고
푸른 새벽 아래에서 나는
불어오는 바람을 여기에 묻었습니다

부드러운 모래를 꼭 껴안은 바람이 대양을 가르며

뜨거운 태양에 노릇노릇 구워진 바다 향을 머금고

긴 여정을 떠나는 뒷모습을 멍하니 바라보며 총총

사락 사락 사락 맨발로 모래사장을 쓸고 닦으면서

저물어가는 햇살에 잔잔하게 치는 파도에 푹 젖어

긴 그림자를 따라 늘어지는 걸음을 멈추고서 총총

하루하루가 쌓여가는 한 줌의 모래를 꼭 쥐었다가

아스라이 멀리 달에게 펼쳐 보내는 바람 안녕하길

아름다웠던 구릿빛 여름에게 고하는 밤 이만 총총

서툴렀었던 여름빛 우리에게 보내는 맘 이만 총총

## 파라다이스

만개한 낙엽은 불로의 소원을 게워내
새로이 피어난 초록의 불꽃은 살아나며
입김으로 허문 동녘의 환영은 다시금
깊은 잠에 취할 준비를 하는구나

무한한 청춘아, 여름은 살아있다네
가난한 마음아, 여름엔 살아있다네

////




빗방울이 떨어지면 고인 웅덩이에 원을 그립니다
끊이질 않는 원들은 소리를 만들고,
붕붕 떠다니던 길 잃은 마음들은 실내로 쫓겨납니다
그 중에 우산을 쓰고 꿋꿋이 자리하는 조각은
무엇을 기다리는 것입니까

햇빛은 월세가 밀려 지금 이 곳에 없습니다

살갗들은 끈적하고 불쾌해집니다
걷는 걸음마다 발끝에서 빗물이 배어나옵니다
양말이 푹 젖어버렸습니다
고작 양말만 젖는 물깊이에 침전물은 나입니까

바짓단이 구겨지고 펼치기를 포기합니다

곰팡이가 피기 전에 환기를 했어야 하는데,
곰팡이는 환영받지 않지만 어김없이 나타납니다

초록은 여기저기인데 희망은 야반도주했습니다

진심을 쥐어짜서 전달한 사람은 절대로
내 옆으로 오는 법이 없습니다
가장과 최선은 엄연히 다르기에
다른 길로 걸어갔나 봅니다
비는 내리지만 그 사람의 실루엣은 열화되어
재로 남았습니다

집으로 돌아오는 길의
3번째 전봇대의 전등이 깜빡거립니다
나에게 하고 싶은 말이 있는 걸까요
아님 내가 하고 싶은 말이 있는 걸까요

무슨 말이라도 좋을 것 같은 기분, 선택지가 없는 기분
무슨 대답이라도 천둥소리가 가져갑니다, 일방적인 소통

우산을 써도 온몸이 다 젖어서 집에 도착합니다
우산살만 쓰고 다녔을지도 모릅니다

내 여름은 거짓입니다

## 열음熱音


끈적이는 것은 끔찍해라
눅눅해진 몸의 윤곽은
너무 살아있는 느낌
내가 나로부터 어긋나고
얼굴을 가방처럼 벗어야 하고
가위질당하는 작은 방을
시어서커 이불 속에서
이웃의 소음처럼 견디다가
커튼 밖으로 열꽃이 필 때
피 토한 손바닥이 쏟아질 때
썩기 직전의 발을 짚어보는 나는
더 많은 핑계를 댈 수도
있지만

텁텁하게 익어가는 시간을
노랫말로 불러 세우고
냉장고에서 갓 나온 자두처럼
신선한 땀을 미끄러뜨리고
바닷바람에 실타래를 놓친 듯
입꼬리를 높이 날리는 너로

견디지 않아도 견뎌질지도
모른다는 허구가
아스팔트 위로 아른거리고
어김없이 얼떨결에
행진의 중심으로 떠밀려가면서
구석을사랑해넘지못할벽이필요해
소리 내자

등을 내주었지 너는
여름을 막아준다면서

체온 같은 바깥을
걸음마다 끌어안아
딱 한 발 앞선 음성

여름과 여름 틈
처음 여름을 열었지
조금씩

## 탄산수가 흐르는 강

여름이면
탄산수가 흐르는 강이 있다고 했다

그곳이 어딘지 몰랐다
내가 사는 곳이 아니었으므로

강은 강이지
녹조가 가득한
피라미들도 도망치는
익사자들은 떠오르는
밤마다 소리가 멈추지 않는
아침이 잠기는 강

탄산수를 강에 흘려보내자
그러면 탄산수가 흐르는 강이 되겠지
여기는 탄산수가 흐르는 강
여기는 키스가 흐르는 강

흙과 섞여 버린
물에 섞이지 못한

한 번 했으면 상대를 바꿔야지
키스는 그런 거지

우리 탄산수가 흐르는 그 강에 가게 된다면
설탕을 뿌려주자
달콤함이 빠진 짜릿함은 첫 키스가 아니지

우리가 여느 여름 앞에서
키스를 즐기는 사이라면
딸꾹질은 하지 말아야지

콧등을 간지럽히는
갈대
두루미
오리

내가 지나온 길목마다
물웅덩이가 있다

오리를 잡거든 먹이를 주지 마라
떠내려가는 냉장고는 떠내려가게 둬라

출렁다리는 출렁거리다 부서지고
여름이 조각조각 물속으로
탄산이 부글부글 끓고 있다

II

## 원의 환상


어제보다 녹아 있는 공기를
막연하게 쥐고

설탕물에 절여 둔 기타를
무릎을 굽혀 꺼내도 되겠다 싶을 때
너는 우주의 끝에 손자국을 남기고 오겠다 하겠지

고여둔 감정을 얇게 잘라
투명한 젤라틴처럼 펼쳐 내면
녹색의 진동과 쉴 새 없이 튕겨 나오는 조각 빛

아득히 단맛의 빛방울이 마르면
나는 구워진 달과 이름 모를 풀벌레를 주머니에 넣고
원에 종속된 걸음을 걷겠지
아마 오늘은 탄산으로 엮여있을 너의 철창으로

어쩌면 이미 벨루가가 되어
찬 우주를 유영하려는 너에게

다시 여름이 왔다고 회유하기 위해

## 8월

아
우리 밤이 자꾸만 짧아져
나는 아직 네 이름도 모르는데
여름 장미는 밤을 갉아 먹고 핀다는데

있잖아
해가 지지 않으면 눈을 감자
8월이 끝나면 또 8월을 맞이하자
개들은 웃고 사람들은 짖지만
멍멍멍 소란한 밤을 껴안고 나랑 입 맞출래

부서지지 않는 계절
끝없는 초록
내 손을 잡아줄래
다 타버린 이파리뿐이지만 내 손을 잡아볼래

절단된 밤을 붙들고 춤을 춰
단면 위로 흐르는 밀키웨이
장미는 만개하고 붉어지는 눈시울
8월의 뒷모습을 무어라 불러야 하지

야

야

나랑 춤을 출래

낡은 선풍기처럼 나랑 춤을 출래

# 다시, 여름


저의 여름은 닳고 닳아 너덜거려요

꽃잎이 분분히 낙화하는 어지러운 청춘을 지나
어느새 무럭 자란 여름은
서툰 사랑에 속절없이 당하고 있어요
뜨거운 열기를 감내하고 싹을 틔운 잎의 내공은
얼마나 대단한 것일까요
청춘이라는 덫의 굴레에서 혹은 사랑이라는 환상 속에서
헤매고 있는 우리들이 과연 넘볼 수나 있는 것일까요

한철 추억하기 위해 앞다투어 허덕이는
여린 잎 뭉치가 아름다워
그 한때를 기억하자는 명분으로
영정사진 삼아 카메라에 담았어요
모든 아름다운 것들은 정지된 시간을 가집니다
 나의 여름 또한 정지된 시간 속 낡은 사진으로 남아 있
어요

여름 내내 우거진 수풀 바람을 갈구하던 건
목타는 갈증이었어요

그래서 그 여름에 비가 그렇게 많이 내렸나 봅니다
젖은 초록에 녹아 흔적 없이 사라진 후에야
깨닫게 되는 정분 같은 것도 있습니다
때를 놓친 마음은 기상이변처럼 예고 없이 찾아오고
사진첩에 기록되어 잊어본 적 없는 풍경처럼
나의 가슴에 영영 살아있어요

공허한 재투성이 장작이
뜨겁게 타오르는 법을 기억하는 것처럼
말라버린 겨울 가지들이
무성했던 여름의 녹음을 기억하는 것처럼

당신도 그 시절 약속했던 여름을 잊지 않으셨으면 합니다
우리가 살아가는 모든 계절이 아름답지만
여름의 향기를 잊을 수 없듯이

창밖을 보세요 무성한 녹음입니다

## 자두를 깨문다는 것은

자두를 씻는다
어느 공항에서부터
초여름 풍광을 보며

다녀온다던 미국의 학교
소식은 여전히 기쁘지만

물렁물렁해진 자두를 본다면
너도 자두를 깨물고 싶겠지

달콤한 과즙이 흐를 정도로
자두를 쥔 손이 노랗게 변할 정도로

초初라는 수식어가 계절에 붙을 때마다
이 주먹만 한 자두로 느끼고 있다

낙관하며 깨물다가 씨만 남은 초여름을
이미 으깨질 대로 으깨진 우리의 초입을

# Tomatoes love-apple*

   유은아, 너는 사과를 사랑해? 응, 그러면 너는 토마토겠다. 빨간 사과를 빨갛게 사랑하니까 너는 더 더 빨간 토마토가 되는 거야. 그거 알아? 유은이 너는 정말 토마토를 닮았어. 탁, 깨물면 과즙이 터져서 흰 것들을 여기저기 붉게 만들잖아. 다른 모든 것들까지 너의 색으로 물들인다는 뜻이야. 세상은 붉게, 붉게 물들어가겠지.
   유은아, 너는 달콤하고 진득한 토마토 맛이야. (사실 사랑은 새콤하고 퍼석한 사과 맛이야)

   미아, 나는 여름이 좋아. 사과 안 사랑해. 사과를 사랑하는 건 토마토가 아니야, 미아. 이제 그렇게 안 부른대. 대신 내 시집에는 붉은 심장이 있어. 팔딱이며 뛰는 심장이. 그래서 나는 여름이야. 미아, 나는 여름이 되고 싶어. 눅진한 장마철 빗물을 마시고 자라난 토마토는 싱그러울 거야. 나무에는 새순이 돋고 능소화는 꽃망울을 머금겠지.
   너는 토마토가 아니라 여름이 될 나를 사랑할 수 있을까?

---

*토마토의 고어로 'love apple'이 있다.

## 딸기밭

 우리 딸기밭으로 가자.

 빨강은 잠시 둥근 채 멎고 초록이 길게 늘어진 말을 머금고. 담 너머에 걸친 사선에 하나 바닥과 맞닿은 공중에 하나 그곳에는 꼭 두 개의 무지개가 있어. 나누어 가질까. 너는 가까이 올 때에 노래를 부르는 것으로 넌지시 인기척을 내어준다며. 오래된 겁을 닮은 습관인걸. 문득 나는 그게 많이 좋아서 있잖아요, 등 뒤편을 무방비하게 두어도 조금도 불안하지 않았어요. 말을 하고 싶었어 장마가 시작될 무렵이면 언제나 한 꺼풀 표백이 되는 가여운 말을. 낮 시간의 옅은 차림은 더없이 날티가 나고 펄펄 열이 끓는 물기도 한때. 온종일 쓰다듬고 오래도록 헹구었어. 흰 손에 무지개. 앞서서 가지 말아 아니 내가 먼저였던가 우두커니 서서 빨강은 잠시 둥근 채 멎고 초록이 길게 물이 들었어. 그러니까 우리 딸기밭으로 가자.

 가만 들여다보아도 흐르다 그치다 만나다 되돌아오는 곳.

## 반짝이는 것들

손을 잡고 조심히 계곡 아래로 내려가 발을 담갔다

문득 고개를 돌려 너를 바라보는데
세상 모든 것이 천연히 빛난다

영원히 지지 않을 듯 작열하는 태양
너무 짙은 빛을 머금은 녹음
오색으로 빛나는 매미는 울고
차가운 물이 발등을 문지른다

태양이 산산조각 나
흐르는 물결 사이로 흩어진다

여름, 모든 세상이
너무나 선연히 빛나서
나는 그만 눈을 감아버렸다
여름의 아지랑이처럼 금세 흩어져 버릴 순간을
영원으로 붙들기 위해서

지금도 눈을 감으면
너는 아직도 그 여름 속에서 반짝인다

## 그대에게 푸르른

그대에게 푸르른 태양을 주고 싶소

손목을 가로지르는 파란 핏줄을 따라
넘쳐흐르는 나의 푸른 피처럼
저
깊은 가운데에서
솟구치는 물결
이따금 하얗게
성근 바람을 머금는

내 마음은 온통 바닷속에 있고
넘실거리는 살갗 위로
부표처럼 떠가는 저
얼음의 과육을 물라

여름은 사랑의 고어요
그대와 그 옛 여름으로 달아날 수만 있다면
가령
뜀박질을 하여

더러는
헤엄을 하여
언젠가는 꽃 필 무렵의 대기까지
온몸을 휘적이고 싶소

커다란 몸부림은 더는 없을 것이오

## 당신의 계절


당신의 이름은
처음 듣는 순간부터 나를
먼 곳으로 떠나보냈어요

그때부터
이 낯선 방으로 숨어든
모든 것들이
낡고 오래되었습니다

햇살만이 쏟아지던
당신이 살던 계절
이름만 불러줘도
좀처럼 시드는 일 없이
무성하게 자라던 푸름

하지만
내 창백한 이름은 금세 빛이 바래
그림자를 찾아 떠돌았습니다

그곳 날씨는 어떤가요?
볕이 좋은 어느 날에
빛바랜 발음으로 이름을 불러
당신의 안부를 상상하며

## 끝나지 않을, 당신이라는 여름

당신은 달콤한 샤베트
혀끝에서 사르르 녹아요
무르익는 여름처럼

귀를 가만히 기울여 듣다 보면
두근거림을 꺼내 먹고 싶은 기분
가슴이 뻐근하게 아릿해지는 내 숨

영원처럼 당신을 갈구하게 될까 봐
영원 속에 잠드는 걸 택할지도
영원히 존재하겠지만

내 진심은 유연하지 못해
산호 속으로 숨고 싶은 마음과
흔들리는 촛불처럼 들키고 싶은 마음

십자가처럼 교차하며 바람이 불어요

당신으로 시작해서
당신으로 끝나는 동그라미 달처럼

서서히 데워져서 서서히 식는 바다처럼
당신이 달아요

당신으로 인해 바뀌는
내 하루의 색

기억할 수 없는 꿈이 될까 봐
당신이라는 장마로 젖어 드는
내 하루의 끝자락

## 남쪽은 다시 여름

반 박자 빠른 당김음 같은 여름입니다

한껏 차려입고 바닷가에 나간 당신은
갈매기 조나단의 비행을 보고 왔다며
바람을 잃은 날개옷을 내팽개칩니다

바닥보다 낮은 곳이 당신의 마음 깊은 곳이라고
육지로 올라온 거북이는 내게 말합니다

죽고자 하는 마음으로 다가가면
그 끝엔 숨 쉴 수 있는 용궁이 있을까요

누군가의 젊음을 지켜주고 싶다 느낄 때
서툰 헤엄으로 깊은 곳에 물장구질을 칠해봅니다

아직도 여름은 녹아내릴 것만 같은 새하얀 도화지입니다

노랑 빨강 파랑 말랑 사랑 달랑
남겨놓고는 무심히
한쪽 귀퉁이에 서명을 새겨봅니다

가만히 앉아 있어도 흘러내리는 땀을 닦아내도 닦아낸 것이 아니듯
　여름은 끊임없이 당신을 부릅니다

　그러다 점점 하늘이 높아진다 싶어질 때
　지구의 남쪽을 향하기 위하여
　나와 당신의 여권을 준비합니다

## 아 공부하기 싫다


아직도 꿈결이야

성숙이라는 경찰을 피해 미망을 선택한 마음인 걸
내 방에 드리운 오후의 빛이 꼭 파도의 표본 같아
난 데칼코마니 된 나비처럼 몸을 곧게 펴곤 했다

다시 만날 수 있을까 네 작은 밤에 노크하고파

나뭇가지 사이들로 쏟아지던 햇빛의 소나기에
숨을 죽이고 눈을 감았던

선선히
열어 줄래
너도
내가 그립다면

기억해

아직 헐지 않은 너의 유약
공통한 아이의 미음

부유한다 뼈마디마저 씹을 듯한 당돌한 아이의 여린 유치
하반신을 간신히 채우려 드는 햇빛이
기필코 지나간 것은 도래한다는 이론

싫니
다리를 얽고 서로의 선잠을 꾸던 우리

## 여름밤

길었던 햇빛이
발걸음을 돌리고
끝나지 않을 것 같던 한낮은
막을 내렸어

짙푸른 여름밤,
그 곁을 지키는 반딧불이처럼
하나둘 불빛을 밝히는 전등은
흔들흔들 물결 같아

왁자한 사람들
그 안의 우리들은 같은 음악을 들어

낮처럼 길던 여름 그 밤
끝나지 않을 것 같은 시간들

## 여름에 하는 사랑은


더운 여름날의 땀 냄새는 너무나 자극적이다
뜨거운 손도, 열기가 가득한 숨도
그러니 다들 조심해 여름에 하는 사랑은 농도가 짙어서
쉽게 끈적이고 쉽게 닦여나가지 않아서
문질러도 번지기만 하지
여름에 하는 사랑은 농도가 짙어서
잊고자 몸을 벅벅 닦아도
주고받은 편지를 긁고 긁어 끄트머리가
너덜너덜해질 때까지 읽다가
마음을 크게 먹고 숨을 참고 버리고 온 날
필통 속에서 나온 사랑해 작은 쪽지 하나에
무너져 버리고 만다고
다 번져 버리고 만다고
얘들아 여름에 하는 사랑은 농도가 짙어서
평소와 같이 안긴 품의 점도가
목에 닿는 숨의 온도가

야 너도 그래?
여름에 하는 사랑은 농도가 짙다는데

## 초여름 암야행

아카시아, 모과인가, 아니 틴 케이스 색연필
어디서 불어오는 바람에 알싸해지는 기분
밤길 비틀대는 그녀의 영혼을 위로해주오
사랑이 많아서 사랑, 사랑 그게 무엇이라고
돌릴 수 없는 모진 말 또 뱉어냈나니
변하는 공기의 냄새- 변하는 오래된 연인

잠이 들지 못하는 커트 머리 아가씨
초조한 속내 꼭꼭 사각접기 해두었더니
남몰래 조각배 되어 동동 달아났다네
흐르는 물결 같은 너른 등줄기 따라
한 치 앞을 알 수 없는 사랑도 모두
떠나는 두 젊은이- 떠나는 오래된 기억

쉬이 자러 가소서 아리따운 아가씨
멧비둘기 우는 소리 이깨신 쓸어내리니
더운 밤 눈물은 선잠 꿈결에도 날아가네
여름엔 달도 별도 기한이 짧아 괜찮아
지나간 실수도 가슴 아픈 상처도 모두
안녕히 가시게- 새 색연필과 아카시아의 꿀

# 열병

이제 그만
여독을 푸시지요
뜨겁게 올라온 젊음은
언젠가 쉬어가야 합니다
여름만 오면 아팠지요
투명한 혈관이 제멋대로 꽂히고
몸은 지독하게 떨었어요
추워 죽을 것만 같아도
코앞에 이불이 바싹 타버릴까
쉬이 덮지 못할 만큼
누군가 조기 한 장 천장에 달고
침만 꿀떡꿀떡 삼켰다지요
나는 이걸 달궈졌다고 해요
그러니 초록맛 장맛비에 식히고 오세요
적당히 그대의 불씨는 남겨두고
너무 많이 젖으면 잠겨요

## 여름의 조각들

눈부신 햇살이 눈가에 내려앉아
콧잔등을 찌푸리게 만든 계절
나는 그 습한 공기를 잊지 못한다

냉기가 몰려와 열기를 덮으면
온몸을 감싸 덮어버린 추위에
잠시 잊히기도 하는 계절이지만
그럼에도 다시금 타오르는 시절의 조각들은
가장 생생한 반짝임
낭만의 파편

그 계절은 송두리째
작고 그리운 물망초로 피었다
찬란하게 빛나는 물망초는
일생 동안 지지 않을 아름다움이자
평생의 그리움

나의 모든 것은 그해 여름에서 시작되었고
다시 꺼내 보지도 못할 그 여름은

기억 속 한편 어딘가
사무치게 그리운 너의 이름으로
새겨져 있다

## 여름은 오지 않았다


여름은 아직 오지 않았다
어스름 푸른 새벽에 나무는 하나둘 젖어 드는데
내 마음 파리하게 시드는 계절에 머물러 있어
물 위에 비친 검푸른 나무만 멀겋게 바라보았다

녹음 한가운데를 거닐다
색채를 잃어버린 우리는 눅진히 시들었고
여덟 번의 계절이 지나는 동안
내 삶은 죽 태양이 떠오르지 않는 잿빛 새벽
여름은 타오르지 않았다

빗발치는 호수에 대고 물었지
나의 한여름은 언제 오느냐고
나무는 슬프게 팔을 나부꼈다
춤추듯 흐느끼는 검은 이파리
당신을 모조리 우려내기 위해
나는 겨우내 고개를 내저었다

당신이 담긴 눈동자가 투명해지는 동안
능소화는 몇 번이나 피고 졌을까

우리고 우리다 우리가 내 전부라
살이 다 불을세라 헤엄쳐 나왔다

목덜미가 바짝 타는 줄도 모르고
눈앞의 잿물만 벌컥 들이키던 밤
등줄기 너머 무심코 봄이 저물고
아홉 빛깔 여름이 싱그러이 일렁이고 있었다

## 여름이

뜨거운 아이였다

속내가 훤-히 비칠 거 같은
살-랑 이는 바람 옷을 입고
자신만의 파-랑 을 일으켜
넘-실 거리는 신기루를 반짝이는

그 뜨거움
그 바람
그 파랑
그 신기루

그 볕 같은 따가운 웃음에
그 누가 마음이 동하지 않으랴

사랑 같은 아이였다

# 열대야


그랬으므로 또다시 여름

첫 철야 때부터 그랬듯 이번 밤도
푹 찌는 날씨에 기억을 쪄먹으며 지샜다

변주되는 아우성 같은 일상적인 열대야를 버텨내며
시베리아를 낯설게 되뇌었다 너를 부르듯

당신과 보낸 계절이 시려서
차마 당신과의 여름을 상상하지 못했으므로 나는
여름 속을 유영하는 당신을 생각할 줄 몰랐다

지지부진한 한밤에서
겨우내 묵힌 당신을 쪄먹으며 더위를 달래면
어느새 냉장고 한 켠의 사진첩이 비어있었다

그랬으므로 또다시 없을 여름

## 우리는 물고기여서

안부는 언제나 짙다
서려 있는 단어에는 힘이 있다

 항상 네 활발한 어투의 제안대로 단어의 강세를 바꾸고 있는 나여서 짙은 안부를 기다리고 있다 짠 내에 짙게 서려진 우리의 온 등에 진물이 올라오던 날에 소강에 이르른 땀이 엉덩이의 욕창처럼 짙게 배긴 우리에게
 햇빛은 안녕하며 비춘다

 그즈음에는 여인이 사라진다, 우리는 밤바다에 오자마자 쨍 노란 물에 뛰어든 적이 없게 된다 가로등이 안녕하며 비추는 아래에 시체마냥 떠오르지 않았던
 그 간절함의 유고를 기다린 적도 없다

 우리는 토막 난 시체를 도로 되돌린 적이 없게 된다 슬래트 지붕 위에서 함께 늘부러지던 적이 없게 되어버린다

 여름 바다만을 찾아다니며 사진을 찍는 너는 사라짐이 아니라, 서려짐에 끌린다고 했지

그게 무슨 말장난이냐며 묻는 내게 너도 내가 똑같은 짓을 한다고 했다

  찰나의 부서짐은 더 이상 보고 싶지 않다며 너의 사진 안에는 그 짙은 무언가가 서려 있다고 했다
  너는 내 안부에는 무엇이 깃들어 있다고 할까
  아마 소금물은 아닐 거다, 우린 함께 바다에 간 적이 없으니까
  서려 있는 것도 힘이 아닌 살얼음이 되어버려서 내 등에는 비늘이 돋는 중이다

  그것도 아주 짙은 비늘이 안부를 기다리고 있다

## 이번 여름

그 여름
그대가 만든
차가운 얼음 한 조각은
녹지도 않고 빙하가 되어가고 있어요

점점 불어나가다
내 마음이 그 무게를 견딜 수 없게 되면
심장에 금을 그으며
떨어지겠죠

틈 사이로 울컥울컥
쏟아지는 선혈도
녹이지 못할 거예요

그렇게 우린 빙하 위에서
각자의 반쪽짜리 깨진 하트를 들고
멀어지겠죠

권태도 녹여버릴
무더위가 오지 않는다면

## 장마 전선


우리 마음은
철쭉 다 지고 나서
파아란 나뭇잎 아래
피었다
눈치도 없이

우리 사랑은
정체된 듯이 흐르며
잎과 잎 사이를 스치고
능선 따라
서로를 훑었건만

자귀나무꽃
그 꽃 결마다 흠뻑
어느덧 자란 모루구름
온몸을
아주 적셨다

눈치도 없이

## 여름애

당신이 나를 안았잖아요
에어컨도 달리지 않은 반지하 방에서
유리잔 표면에 생긴 물방울 같은 것을 피부에 달고
우리는 36.5도보다 뜨거운 것을 하고 있었잖아요
그 땀투성이 포옹이 끝나고 사랑한다고 했잖아요
끈끈하고 찝찝한 걸 나보다 싫어하면서
그걸 이길 만큼 안고 싶어해준 당신이 더 사랑스러웠는데

우리는 울지 않았잖아요
예상보다 장마가 길어진 탓에 열어둔 창으로
비가 들이쳐 이불이 다 젖은 그날에 그랬잖아요
하루에만 다섯 마리째 바퀴벌레를 잡으며
오히려 피식하고 웃고 말았잖아요
나만 믿으라는 당신의 손이 부들부들 떨려서
벌레가 도망치자 오히려 다행이라면서

실컷 춤을 추었잖아요
눅눅한 베개에 머리를 붙였다 뗐다 하니까
일으켜 옷을 입히더니 밖으로 함께 나갔잖아요

짧은 밤이 끝나기 전에 부지런히 함께 걸으며
한자로 여름은 춤추는 모습을 따 만든 거라고
가로등 아래 날벌레들과 같이 춤을 추었잖아요
춤이라기엔 몸짓에 가까운 스텝을 밟으면서

그렇게 버텨내었잖아요
우리인 것을 증명했잖아요
앞으로도 여름은 계속 길어질 테지만
당장에 무엇 하나 나아지지 않을 거지만
서로를 보면서 웃는 것은 당연히 그러한 일이잖아요

## 05:42

그 언젠가 우리들이 뜨거운 여름 햇살을 맞고
그 열기를 식힐 장마 장대비를 맞으며
서로의 눈 속에 담긴 또 다른 서로를 보고 웃던
그때의 기억과
네 방의 비 내음이 다시금 나를 괴롭힐 때
비로소 나는 너를 잊지 못하였음을 깨닫고
빛나던 그 시간 속 우리 맞잡은 손이
빛나던 그 온기가
빛나던 우리가
기어코 저물어갈 때…

파도시집선 008

여름

초판 1쇄 발행  2022년 6월 21일 하짓날
　　5쇄 발행  2024년 9월 6일

지 은 이 | 손연후 외 52명
펴 낸 곳 | 파도
편　　집 | 길보배
등록번호 | 제 2020-000013호
주　　소 | 서울시 용산구 동빙고동 55
전자우편 | seeyoursea@naver.com
I S B N | 979-11-970321-8-9 (03810)

값 10,000원

ⓒ 파도, 2022. Printed in seoul, korea.


\* 이 책의 판권은 지은이와 파도에게 있습니다. 양측의 서면 동의 없는 무단 전재 및 복제를 금합니다.
\* 맞춤법과 띄어쓰기는 원본에서 기인하였습니다.
\* 파도시집선 참여 작가들의 인세는 매년 기부됩니다.